AF253675

MES SOUVENIRS

SUR LAMARTINE.

MES SOUVENIRS

SUR LAMARTINE

PAR

Anacharsis COMBES

CASTRES

IMPRIMERIE VEUVE GRILLON, TERRISSE ET FABRE

rue Sabbaterie, n° 4.

—

1869

MES SOUVENIRS

SUR LAMARTINE

I

Lamartine vient de mourir. Ce n'est pas seulement
un nom disparaissant de la scène de la vie active ;
c'est une immense personnalité s'affirmant, dans une
transformation nouvelle, par les plus puissants souvenirs d'une existence de génie, d'honneur, de cons-
cience et de courage.

A ceux qui, comme moi, l'ont le plus étudiée à
travers les vicissitudes de notre époque si tourmen-
tée, si sceptique, si égoïste, si incertaine de son avenir, de dire la leçon de haute moralité qu'elle doit
laisser après elle. A ceux-là de préparer la postérité
à rendre un juste hommage à l'homme illustre, au
poète du premier ordre, au citoyen éminent, en un
mot, à une de ces supériorités sociales comme il
s'en trouve très-peu dans le même siècle. Cette tâche,
je me l'impose avec le seul désir de faire partager
par d'autres le sentiment de profonde admiration dont
j'ai été toujours animé pendant ces quarante derniè-
res années, à l'égard de celui qui voulut bien plusieurs fois m'appeler son ami.

II

Le nom de Lamartine me fut révélé à l'occasion de son chant sur le *Sacre de Charles X*. Jusques-là je n'avais rien lu de complet provenant de sa plume, pas même *les Méditations*. Cependant on en parlait autour de moi avec une certaine faveur. Mais alors, en province, en proie aux préjugés scolaires rapportés de Sorèze, dans un milieu où les versificateurs du premier Empire conservaient encore toute leur influence, sous la domination d'une littérature personnifiée à son plus haut degré par l'auteur de *Germanicus*, par celui de l'*Hermite de la chaussée d'Antin* ou par les écrivains politiques de *La Minerve*, une poésie nouvelle, chrétienne au fonds, panthéiste dans la forme, et décorée, sans aucune raison, du nom de *romantique*, devait exciter un faible enthousiasme. Elle avait d'ailleurs peu d'ardents propagateurs. Nous étions en ce temps tous trop dix-huitième siècle pour la sentir ; surtout quand, par Lamartine, elle se révélait à nous sous un nom aristocratique et avec des précédents royalistes. Cette école n'était pas la nôtre ; or les écoles sont toujours partiales, par cela même le plus souvent exclusives.

L'avènement de Charles X, populaire au commencement de son règne, nous ramena à de meilleures idées. Nous nous rapprochâmes un moment de ceux de ses poètes qui faisaient un peu de part aux intérêts modernes ou aux nobles illustrations de l'Empire

et de la République. Ce caractère distinguait le chant
du sacre de Lamartine ; il servit à le vulgariser dans
les départements du Midi, encore très attachés à la
famille des Bourbons quoique l'esprit de nationalité
essayât de les animer d'un libéralisme, qui devait plus
tard se traduire par les événements de juillet.

C'est dans les premières années après ces événements que mes rapports avec Lamartine commencè-
rent. Avec sa prescience de poète, il ne les avait pas
vus sans les juger à un tout autre point de vue que
celui de la masse ; il voulut s'en expliquer en déter-
minant une nouvelle direction qui, suivant lui, devait être donnée à la science politique. Ce fut l'objet
de son écrit ayant pour titre : *Politique rationnelle*. Cet
écrit devait préparer sa première candidature comme
député. Il ne réussit pas à la faire aboutir. Echec
très heureux ! puisqu'il valut aux nombreux amis de
Lamartine l'occasion de le suivre dans les phases diverses de son Voyage en Orient, voyage qu'il n'aurait
sûrement pas accompli, du moins alors, si quelques
votes d'électeurs l'avaient cloué sur les bancs très-pro-
saïques d'une chambre législative.

III

La publication de la *Politique rationnelle* venait immédiatement après que deux nouveaux volumes de
poésies, sous le titre d'*Harmonies*, eurent ouvert à
leur auteur les portes de l'Académie Française. Les
acclamations empressées de tout ce qui s'intéressait

en France à l'œuvre scientifique ou littéraire, entoura le départ de Lamartine pour l'Orient d'une grande popularité. C'est alors que je m'attachai, sans le connaître personnellement encore, à ce grand esprit ; il correspondait d'ailleurs à l'ordre d'idées par lesquelles je me sentais entraîné depuis quelque temps. Mes études philosophiques dont j'ai parlé avec détail dans *une notice,* encore inédite, *sur Jacques Rességuier,* empruntaient en quelque sorte leur sanction de l'autorité d'un homme qui cherchait à donner de nouvelles bases à la politique ; comme lui je sentais que la tradition purement libérale avait accompli sa mission au lendemain des événements de juillet. En recherchant en dehors d'une école, à laquelle me rattachaient mes études de plusieurs années, les hommes qui s'en rapprochaient le plus par le sentiment moral ou par les vues scientifiques, avec lui, et comme lui, je demandais autre chose.

Pour m'aider dans cette recherche, je m'étais associé un jeune ingénieur, d'un caractère plus mathématique que le mien, plus positif, plus pratique peut-être, mais professant le même entraînement vers Lamartine. Avec lui je lus ou relus toutes les productions déjà sorties de la plume de ce dernier ; elles devinrent ainsi l'objet de nos conversations habituelles. Le *Voyage en Orient,* pays où se trouvaient à cette époque les Saint-Simoniens qui étaient allés là chercher la femme libre, et parmi lesquels nous comptions nos meilleurs amis d'études ou de doctrines, faisait le principal sujet de ces conversations. Voici à cette occasion une anecdote assez plaisante et qui par cela même est revenue bien souvent à mon souvenir :

C'était en 1833, nous sortions un jour, l'ingénieur et moi, pour suivre, en nous promenant ensemble, une dissertation plus ou moins philosophique, lorsqu'arrivés devant la boutique d'un confiseur, mon camarade me dit : Entrons ici, j'ai à acheter des pastilles pour un rhume qui commence. Nous entrâmes. Pendant que le chef de la maison lui-même pesait une certaine quantité de pastilles de Calabre (alors dans toute leur nouveauté), voilà s'écria l'ingénieur, le vénérable père Jarzuel (c'était le nom du confiseur), lui aussi connaît l'Orient !..... — Oui, Messieurs, répondit-il en se rengorgeant, car *je suis été* à Jérusalem avant Monsieur de Châteaubriand et je n'ai pas écrit un livre pour le faire savoir !...

Et puis, voyagez au loin, poètes, peintres, publicistes, hommes d'état, naturalistes..... vous laisserez après vous de pareils appréciateurs de vos nobles, savantes ou judicieuses explorations !

Je reviens à Lamartine.

VI

Il avait quitté la France le 26 juin 1832. Sous l'inspiration de ses idées, peut-être même sous une influence plus directe, la *Société des arts, des sciences et de l'agriculture de Mâcon* venait de proposer pour le sujet du prix du concours de cette année la question suivante :

« Déterminer les principales causes qui rendent les populations manufacturières généralement moins heureuses et moins morales que les populations agricoles et présenter les principaux moyens de rendre le travail industriel aussi favorable que le travail agricole au bonheur et à la moralité des classes qui s'y livrent. »

C'était un magnifique programme et bien avancé pour son époque, puisque l'Académie des sciences morales et politiques, crut devoir le reprendre presque mot à mot, mais seulement douze ans plus tard.

Si, en 1834, je fus un des premiers à traiter cette importante question ; si j'y apportai tous mes soins ; si, pendant près d'un an, j'y consacrai presqu'exclusivement tout mon temps, je le dus à l'action directe et indirecte qu'exerçait déjà sur mon esprit l'homme qui l'avait posée ou indiquée à ses compatriotes. Mon travail fut long, difficile, souvent arrêté par le manque de renseignements statistiques ; je parvins pourtant à lui donner un corps et je le présentai au concours de la Société de Mâcon.

Lamartine était de retour de son voyage ; il venait d'être nommé député. Je lui écrivis en lui faisant remettre ma lettre par un de ses collègues ; en même temps je lui envoyai une copie de mon mémoire. Il me répondit aussitôt :

24 janvier 1834. — « Je reçois, Monsieur, par M. Alby, votre lettre intéressante et l'ouvrage qui l'accompagne. Je vous remercie de penser à moi. Je le

lirai dans quelques jours avec une vive curiosité. Nous sympathisons dans nos destinées d'avenir, mais le présent n'a pas encore d'oreilles. Je veux essayer de le préparer peu à peu, c'est la seule mission et la seule gloire que j'ambitionne. Nous avons usé les idées politiques ; il est temps de sortir de cet abîme sans fonds de l'esprit de parti et de passer aux questions d'humanité. Je suis heureux de sentir à côté de moi des hommes tels que vous. — Recevez, Monsieur, l'assurance de mes sentiments distingués, — Lamartine. »

Ainsi qu'il est facile de le voir par cette lettre, mes rapports directs avec Lamartine ne pouvaient s'ouvrir sous un accueil plus gracieux. Sans doute mes idées, exprimées avec franchise et netteté, pouvaient y être pour quelque chose, mais l'intermédiaire officieux que je m'étais choisi devait y avoir ajouté d'utiles détails sur le caractère de mes travaux ; et cela avec l'intérêt que nous prenions alors ensemble aux progrès de notre bonne ville de Castres. Il l'administrait comme maire depuis quatre ans ; il la représentait comme député ; par conséquent. mieux que personne, il tenait à faire connaître les dispositions de ceux de ses compatriotes, généreusement associés à ses œuvres dans cette double direction de bien public.

Encouragé de cette manière, je me crus autorisé à répondre à Lamartine et à lui poser une série de questions, pour la solution desquelles le Gouvernement seul pouvait et devait intervenir. Il le comprit de même ; voici comment il s'en exprimait en m'écrivant de nouveau :

« **29 mars 1834.** — Monsieur, j'ai reçu la lettre si pleine de talent et de véritable entente des besoins de notre pays, que vous avez bien voulu m'adresser. Je suis heureux, Monsieur, que les idées et les sentiments professés par moi à la tribune aient trouvé un retentissement dans votre âme et votre intelligence. J'ai fait et ferai tout mon possible pour faire comprendre à la France la véritable voie politique et sociale dans laquelle elle doit entrer. Toutes les questions dont vous me parlez dans votre lettre seront débattues à la tribune ; et toutes les fois que ma conviction m'y fera monter, je dirai à la France la vérité et toute la vérité. Au nombre des acquiescements que j'ai reçus, j'ai compté le vôtre parmi ceux qui m'ont le plus honoré, parce qu'il m'a semblé partir d'un homme d'élévation et d'intelligence. Nous pouvons espérer et avoir confiance quand nous voyons tout ce qu'il y a de grand et de raisonnable se rallier à notre drapeau, celui de la *sociabilité.*

« J'ai lu votre travail, Monsieur ; je ne doute pas que le talent avec lequel il est écrit, la profondeur avec laquelle il est pensé, ne fassent sur le comité d'examen une favorable impression et ne vous obtiennent la juste récompense due au mérite qu'il renferme. — Agréez, Monsieur, etc., etc. »

Deux mois après, nouvelle lettre, nouvelle preuve de conformité d'opinion entre Lamartine et moi ; toutefois il surgissait déjà une légère différence quant à notre manière d'envisager le caractère du Gouvernement parlementaire. Je l'aurais voulu moins disposé à la discussion et plus prêt à agir ; lui l'acceptait encore comme un moyen d'amener ainsi une réconciliation générale de tous les intérêts ; du reste, il ajoutait : « *si, comme j'en ai quelque idée, je vais cette année dans le Midi, j'espère, Monsieur, m'expliquer avec vous plus au long sur ce sujet.*

Son opinion se modifia-t-elle ? Il me serait permis de le croire, d'après la lettre suivante, écrite immédiatement après la session ; elle renferme, en peu de mots, tout son programme politique, au point de vue le plus affirmatif.

« Saint-Point 24 août 1834. — Monsieur, Une ophthalmie persévérante m'a empêché de vous répondre plutôt et ne me laisse qu'à peine encore griffonner quelques lignes de remerciement. J'ai bien besoin de vos encouragements et de ceux du petit nombre d'hommes qui vous ressemblent, pour l'œuvre difficile et longue que nous entreprenons ; *faire entrer la raison, la religion et le sentiment moral dans la politique,* livrée jusqu'ici à l'habileté des roués et à la passion des masses, ne sera l'affaire ni d'un jour ni d'un homme. Mais les hommes naissent et s'entendent, ils viendront un à un sur le champ de bataille, et Dieu sera avec eux. Espérons donc, sinon pour notre jour, au moins pour notre lendemain.

« Malade et prévoyant (juste) qu'il n'y aurait pas

de session, je ne suis pas allé à Paris. Je suis dans la solitude qui me convient avant tout. Vous m'engagez à aller dans votre beau pays, je ne le puis pas cette année, mais vous-même ne pourriez-vous pas venir un peu dans le nôtre ?

« Adieu, Monsieur, recevez avec ma reconnaissance, l'assurance de mes sentiments les plus distingués. Rappelez-moi à M. Alby, que je regretterai souvent sur les bancs sourds de notre chambre. — Lamartine. »

V

Voilà, dans leur expression textuelle, les quatre premières lettres d'une correspondance qui a duré quatorze ans. Elle a toujours conservé le même caractère d'exactitude de part et d'autre et d'attachement réciproque à des questions de *sociabilité* plutôt que de *politique*, comme les avait caractérisées l'homme dont, pendant cette période de temps, j'ai reçu de si puissants encouragements. Aussi c'est à lui que je dus faire hommage du premier livre sorti de ma plume, et par lequel je pris un nom, je n'ose dire un rang, parmi les publicistes du règne de Louis-Philippe.

Ce livre était une *Statistique topographique, agricole, manufacturière, commerciale, intellectuelle, religieuse et morale de l'arrondissement de Castres.* L'idée première m'en avait été inspirée par le besoin de le faire connaître à M. le baron Charles Dupin, alors son député. Cette idée s'était agrandie pendant l'exécution au fur et à mesure des renseignements qui m'arrivaient, non pas par le canal officiel de l'administration, mais par celui de correspondants officieux choisis par moi dans chaque chef-lieu de canton. J'étais ainsi parvenu à la consistance d'un gros volume ; pour son impression j'avais traité avec un imprimeur au prix de 400 francs pour 400 exemplaires. Je les savais d'avance à peu près tous placés par souscription, et je poursuivais ma petite spéculation littéraire, lorsqu'un jour je fus ainsi interpellé par quelqu'un qui avait toute autorité sur moi : — Qu'est-ce qu'un projet d'impression dont j'ai entendu parler ? — C'est celui d'un livre sur le pays, ses besoins et ses ressources. — Cela peut être une bonne chose ; mais à quel titre voulez-vous le publier ? — Comme auteur purement et simplement. — Et les avances ? — Je les ferai. — Et le profit ? — Il me servira à rentrer dans les frais. — Ainsi, c'est tout bonnement une affaire d'argent que vous entreprenez ? — Pas tout-à-fait peut-être, mais avec l'intention de voir si ma plume d'économiste pourrait m'être plus lucrative que ma parole d'avocat. — Eh bien ! vous voyez mal ; ce n'est pas ainsi qu'il faut procéder dans votre position. — Que faut-il donc faire ? — Je vous le dirai plus tard, quand j'aurai lu le manuscrit que vous allez me remettre.

J'obtempérai à cet ordre ; huit jours après il m'était rendu avec cette seule observation : — Il faut imprimer cela, non pour le vendre, mais pour le distribuer gratuitement ; à combien portez-vous les frais ? — J'ai traité pour 400 francs. — Je me charge de les payer. Montez à mon bureau, je vais vous les remettre.

Celui qui parlait ainsi, c'était mon père. C'est lui en effet, qui fut indirectement l'éditeur de mon premier livre ; cela me permit de l'offrir, jusqu'au dernier exemplaire, aux hommes de gouvernement et d'administration en même temps qu'à mes parents, amis ou confrères littéraires, en un mot à ceux qui pouvaient m'aider de leur puissance ou de leurs vœux dans l'intérêt du pays de ma naissance ; car je cherchais, alors comme aujourd'hui, à le révéler à lui-même en le faisant connaître au-dehors.

Mon père ne s'était pas trompé. Ce livre me valut les encouragements les plus flatteurs. Les autorités locales de cette époque, les ministres, plusieurs députés ou pairs de France, des administrateurs étrangers, des agronomes en renom, des publicistes très-connus, me firent parvenir à ce sujet de nombreuses adhésions ; autographes précieux que je conserve encore à côté d'une lettre, écrite au nom de S. M. Louis-Philippe, pour m'annoncer que conformément à ses ordres, donnés *après l'avoir lue,* ma statistique figurerait sur les rayons de sa bibliothèque particulière.

Dans cette distribution, Lamartine n'avait pas été oublié ; « J'ai lu avec tout l'intérêt qu'elle mérite, m'écrivait-il en février **1835**, votre excellente statistique de l'arrondissement de Castres. Cet ouvrage renferme des renseignements précieux et d'une grande utilité, surtout pour votre département. Je ne puis que vous féliciter des idées larges qui s'y trouvent en foule.

« Je vous remercie, Monsieur de vous intéresser, à ma santé. Elle est un peu meilleure sans être parfaitement bonne. Cependant il faut bien la supporter telle qu'elle est. Ne viendrez-vous pas ici causer de politique à venir ? — Lamartine. »

VI

Cette politique d'avenir, ces idées larges dont l'homme le plus compétent, sous ce rapport, voulait bien me faire honneur, déjà ne recevaient pas partout le même accueil. Après quelques mesures très progressives, comme avaient été dans les premières années du règne de Louis-Philippe la loi sur l'armée, une des gloires du Maréchal Soult, l'organisation légale de l'instruction primaire, le plus beau fleuron certainement de la couronne administrative de M. Guizot, la multiplication des caisses d'épargne, la création des comices agricoles, un temps d'arrêt commençait à se faire sentir. Le gouvernement, satisfait d'avoir calmé l'émeute de la rue, (c'était un grand mérite assurément) aspirait à un repos presque absolu. Ayant d'ailleurs évacué les questions de son programme libéral, il croyait avoir accompli sa mission de réparation où de progrès. Ainsi, au commencement de la session de **1835**, le Roi se glorifiait de n'avoir plus qu'à présider au maintien de l'ordre, définitivement rétabli. Aux yeux de Lamartine, comme aux miens, c'était une étrange illusion ; c'est ce que prouvèrent les nombreux congrès que cette époque vit se former sur divers points des départements, et où furent posées les plus immenses questions d'amélioration populaire. Aucun de nous n'y fit défaut ; pour ma part j'abordai là ou ailleurs les questions les plus essentielles, les plus vitales, mais les plus pratiques en même temps, au jour le jour, dans une sphère circonscrite, sur un théâtre connu, heureux de me sentir soutenu à distance par l'orateur prophétique et éminent qui m'encourageait en ces termes :

22 janvier 1836. — « .... Je crois comme vous que les questions de parti sont à peu près arrivées au terme, et qu'il est temps enfin de régénérer nos institutions sociales. C'est le but de vos efforts ; persévérez-y, monsieur, et comptez sur l'appui de mon faible talent pour vous seconder dans cette noble entreprise.

« P. S. — Depuis cette lettre écrite, j'ai reçu et lu avec l'examen le plus attentif votre projet ; j'en suis parfaitement content à deux ou trois questions près que nous discuterons lors de la présentation du projet du gouvernement. »

Il s'agissait d'une loi sur l'instruction secondaire.

En effet le gouvernement la présenta, mais avec la réserve de ne la soumettre qu'à une discussion préparatoire ; ce qui a laissé les choses très longtemps dans le même état, quant à l'organisation et au plan d'étude des lycées, alors que, sur mon mémoire accepté par M. le Recteur de Toulouse, dans les parties les plus essentielles, on pût créer à Castres, presque immédiatement un collége communal, existant encore, et dont les résultats, pendant trente années déjà, ont été nombreux et remarquables.

A cette occasion Lamartine m'écrivait, entr'autres choses :

6 novembre 1836. — « Je crois comme vous, monsieur, qu'il faut, dans un but d'utilité générale, ne pas craindre de blesser momentanément les partis. Il faut hardiment se mettre au dessus d'eux pour le bien de tous. Persévérez donc dans votre œuvre à laquelle les gens de bien sauront toujours rendre justice. Quant à moi, vous savez, monsieur, que ma sympathie vous est acquise depuis longtemps, et je suis heureux de l'occasion qui m'est offerte de vous en renouveler l'assurance, etc. L. — »

Trois mois après (6 janvier 1837), il empruntait la main de madame de Lamartine, pour répondre ainsi à ma lettre de bonne année :

« M. de Lamartine retenu dans son lit depuis un mois, par une grave et douloureuse indisposition, regrette vivement de ne pouvoir répondre lui-même à l'aimable lettre de M. Combes. Il eût été heureux de lui exprimer sa reconnaissance de l'amitié bienveillante qu'il daigne lui témoigner, et de lui renouveler l'assurance de son entière et profonde sympathie. M. de Lamartine apprécie, au plus haut degré, les sentiments et le talent de M. Combes, et lui promet avec plaisir le secours de son faible appui dans toutes les circonstances, notamment dans celle qui pourrait plus tard l'amener à la Chambre sur le même banc que lui.

« Il prie donc M. Combes de compter sur lui, et lui renouvelle l'assurance de ses sentiments les plus distingués. »

VII

Cette idée de députation était-elle une ouverture à moi faite par Lamartine ? était-elle l'approbation donnée à une proposition sortie de ma plume ? je ne sais ; du moins mes souvenirs ne sont nullement précis à cet égard. Toujours est-il, que je dus me montrer disposé à lui donner suite, d'où qu'elle vînt, puisque je lis dans une lettre du 6 septembre 1837 :

« Soyez persuadé, monsieur, que si quelque arrondissement s'adresse à moi, pour lui indiquer un choix qui réponde à toutes les grandes nécessités du pays et du temps, comprises de haut et appliquées avec mesure et sagesse, vous êtes au premier rang de ceux que je désignerais. Nous entendons le présent et l'avenir de même. Les vieux partis sont morts.

Il faut s'attacher aux choses et les résoudre par la raison et la charité sociale. Là, sera le nouveau parti dans quelques années. Nous n'en sommes que le faible germe, mais il faut que ce germe, foulé aux pieds, soulève le sol et grandisse. Quelques hommes comme vous, lui donneront vie et racines ; je serai bien fier d'avoir concouru à votre nomination.

« Cela est difficile en ce moment à cause des conseils généraux. Ils sont évidemment la source ou l'élection ira puiser ses organes. En êtes-vous ? Si vous n'en êtes pas, écrivez, mettez-vous en avant ; suppléez à cette condition qui vous manque, par la loyale et grande candidature de la publicité de vos idées et de vos opinions.

« J'aurai soin de vous prévenir s'il me revient quelque chance à courir ici ou là ; et tous mes vœux comme toutes mes sympathies seront pour vous.

» Faites mes remerciements et mes compliments à mon excellent collègue, M. de Falguerolles. Nous ne sommes pas tout-à-fait ensemble, mais nous sommes bien près ; car il est comme nous de ces hommes qui comprennent le bien et qui le veulent. Encore quelques sessions et nous serons confondus. Recevez, monsieur, etc. »

Cette lettre si digne, si judicieuse, et en même temps si amicale, peut donner une idée du degré de rapprochement qui s'était opéré entre Lamartine et moi, par la seule force de nos opinions. Ne devaient-elles pas être bien vraies, et à la fois bien sincères, puisqu'elles avaient complètement effacé entre nous la distance dans laquelle nous auraient tenus les vieux partis ? la nécessité de régénérer la vieille politique ; politique d'ambitions exclusives, de déplacements non motivés, de critiques stériles, de criailleries envieuses, nous avait ralliés l'un et l'autre au système plus large, plus humain, plus moral des questions de sociabilité, superposées à tout.

Lamartine tenait à me maintenir dans cette voie ; pour cela il s'obstinait à poursuivre notre projet de députation. En conséquence il m'écrivait au mois de septembre de cette même année 1837 :

« Monsieur, j'ai reçu, trop tard aussi, votre lettre ; il y aurait eu quelque possibilité, à 10 lieues d'ici, à Louhans, où un candidat, sûr du succès et n'en voulant pas pour lui-même, est venu m'offrir sa place et les voix de ses amis. Si vous aviez été à portée à temps de vous produire, précédé de vos excellents écrits et appuyé de mes manifestations vives et entières pour vous, peut-être aurions-nous réussi. J'en aurais été bien heureux ; car je suis profondément dégoûté des vieilleries parlementaires dans lesquelles les routines où les passions embourbent ce pays, et un bras m'eût été bien secourable pour m'aider à en tirer mon faible pied ; mais parlez, écrivez, agissez et vous nous arriverez...

« Je suis fort embarrassé, pour moi-même, en ce moment ; on me porte dans le Nord et dans deux colléges ici. Je ne puis, d'après des conventions antérieures, accepter dans mon pays, qu'à la condition d'une élection double, et chacun des deux colléges me demande de dire : j'accepterai. Je ne puis le dire ; d'où il résultera, peut-être, que je ne serai élu nulle part. Je m'en consolerai ; car nous ne devons au pays que ce que nous pouvons.

« Excusez la brièveté de ma réponse, sur mes nombreuses relations en ce moment de coup de feu, et croyez à des sentiments que la sympathie de doctrine a fait naître et que la sympathie de cœur a confirmé. — Lamartine. »

Dans cette position, il fut élu par trois colléges ; je m'empressai de lui faire parvenir mes félicitations ; en même temps je lui transmis mes applaudissements au sujet de son discours de rentrée, lors de l'adresse de la session de 1838 ; il y dessina à merveille son rôle entre l'opposition et les adhérents du ministère, rappelant à tous le devoir de se concilier sur le terrain des intérêts moraux et positifs à la fois.

Ma lettre lui fut plus agréable ; on en jugera par la réponse :

« Je m'empresse, monsieur de répondre à votre aimable lettre, en commençant par vous remercier de tout ce qu'elle renferme d'obligeant pour moi. Chaque fois qu'une crise politique se présente, chaque fois qu'une circonstance nouvelle surgit, vous pouvez être certain que je pense à vous. Nous venons d'avoir de longs et graves débats ; ce n'est là qu'un commencement de lutte ; lutte encore personnelle, mais qui peut-être s'élargira plus tard. Je suis heureux de votre adhésion, je l'espérais et je vous en remercie.

« J'ai reçu vos deux brochures ; les travaux de la Chambre ne m'ont pas permis de les lire encore ; je les ai mises de côté pour les retrouver plus tard. Je vous remercie d'avoir pensé à me les envoyer ; j'ai toujours grand plaisir de vous lire, vous le savez.

« Adieu, monsieur, recevez, etc. — L. »

VIII

Cette lutte, en effet, toute personnelle, commençait cette campagne pour le renversement des ministères, qui devait finir par une révolution. Lamartine eut voulu en élargir le caractère. Ne tenant, en aucune manière, à conquérir à son profit le pouvoir gouvernemental ou administratif sous Louis-Philippe, qu'il respectait, mais qu'il ne voulait pas servir au simple point de vue de l'équilibre constitutionnel et de la célèbre formulé : *le Roi règne et ne gouverne pas*, il cherchait à grouper autour de ses idées des hommes nouveaux. Pour lui je fus un de ceux-là ; je lui en donnai la preuve, en me vouant à l'examen de toutes les questions sociales du moment, dans une série de brochures, la plupart adressées à la Chambre des députés, sous forme de pétition. Il se chargea de les déposer entre les mains du président, s'engageant à les soutenir de ce qu'il voulait bien appeler, avec trop de modestie, *sa faible influence*, alors que sa parole devenait de jour en jour plus prépondérante.

Toutefois, je n'oubliais pas le conseil qu'il m'avait donné de ne pas me borner à des publications officieuses, et je cherchai à m'introduire au sein d'un conseil général, afin de parler avec plus d'autorité. Je ne fus pas nommé, et j'eus à lui en donner les raisons ; je les lui écrivis à la date du 3 septembre 1838.

Cette lettre trop longue pour être rapportée ici, ayant d'ailleurs perdu une partie de son à-propos, prouvait, par un fait particulier, à quel degré de déviation en était déjà le gouvernement de 1830 ; gouvernement honnête, bien intentionné, aimant sincèrement l'ordre et la paix, mais tout-à-fait étranger aux sentiments, comme à la science qu'il fallait avoir alors pour donner à cet *ordre* le soutien de toutes les classes de la société, et pour fonder la *paix* sur les intérêts tous les jours plus développés de l'industrie agricole, manufacturière et commerciale. Lamartine le voulait ainsi. En inaugurant à la tribune, ce qu'il appelait le *parti social ;* en exposant la sincérité de ses vues de bien public, aux sarcasmes des hommes de l'opposition, aussi bien qu'aux atermoiements égoïstes de ceux qui formaient les centres de la Chambre, il se sentait fort de l'opinion du dehors, se ralliant à ses doctrines, et préparant déjà leur réalisation, lors-

que le système suivi depuis dix ans, aurait été complètement usé.

Voilà l'explication de sa conduite en 1848. Si, au
premier moment qui suivit la chute du trône de
Louis-Philippe, il proclama la République, sans s'ar-
rêter à l'idée d'une Régence, d'ailleurs tout-à-fait im-
possible, c'est qu'il déduisait la conséquence du principe de tous les discours prononcés par lui depuis
1840. Qu'on les prenne un à un ; qu'on les lise avec
réflexion, qu'on cherche à les ramener à une synthèse
d'application, l'on verra que la *République* en dé-
coule. Non pas la *République* du gouvernement par
en bas, de l'égalité suivant un nivellement absurde,
de la direction confiée aux besogneux, aux fainéants,
aux cupides, c'est-à-dire à une autorité numérique
sans condition de moralité, de savoir ou d'utilité générale, mais la *République*, suivant la traduction litté-
rale de ce mot *res publica*, la chose du peuple ; mais
du peuple aimé, guidé, perfectionné par les hommes
les plus dévoués, les plus instruits, les plus capables,
quelle que soit leur origine, leurs précédents, ou
leurs intérêts particuliers. Voilà la *République* ; c'est
celle de Barbés, quoiqu'on en puisse dire ; car voici
ce qu'il écrivait il y a peu de temps à l'auteur de ces
lignes du fond de cet exil, où le tiennent consigné
ses opinions toujours honnêtes, toujours conscien-
cieuses : « *Drôles de républicains pourtant que Cicéron
et tous ces romains, quand on les regarde de près et
qu'on sent que la République c'est l'amour des faibles*

et des petits et pas du tout le grossissement de sa pro-
pre personne pour en opprimer les autres ! »

IX

Ce nom de Barbés est ici tombé sous ma plume,
parce qu'il me rappelle un des faits les plus importants
de sa vie militante. Lamartine voulut bien y jouer,
un rôle important, à côté de celui très-secondaire
que je m'imposai moi-même officieusement, à la date
où je me trouve parvenu, en rassemblant ici mes souvenirs. C'est un épisode à conserver d'ailleurs, au
point de vue de l'histoire du règne de Louis-Philippe ; je vais le rapporter avec quelques détails :

C'était en 1839 ; Barbés, alors en séjour momen-
tané à Carcassonne, devait alller passer quelques jours
dans une campagne des environs de Castres. Le
rendez-vous fut donné ; il se mit en route accom-
pagné d'un chien de chasse, suivant la diligence
par derrière ou à côté. Tranquille sur les dispositions de son compagnon de route, Barbés s'en-
dormit. Lorsqu'il se réveilla, au premier relai de la
poste où l'on changeait de chevaux, il s'aperçut que
le chien lui manquait. Il prit alors la résolution
d'aller à sa recherche, après avoir laissé entre les
mains du conducteur, un billet annonçant la circonstance qui le forçait à revenir sur ses pas ; il y pro-
mettait de se rendre à Castres le lendemain. Il ar-
riva à Carcassonne ; il trouva là son chien, mais en
même temps aussi une lettre de Blanqui, lui don-

nant avis que tout était prêt à Paris pour une émeute prochaine. Il partit sur-le-champ ; il prit part au mouvement insurrectionnel du 12 mai ; il le dirigea en partie ; il y fut vaincu et blessé à la tête des autres chefs de la conspiration, et traduit devant la Chambre des Pairs.

Barbès arrêté, accusé, ne doutait nullement de sa condamnation. Il l'acceptait d'avance comme le dénouement du combat de la force contre la force. Il avait voulu violemment renverser le gouvernement établi ; il admettait que ce gouvernement usât à son égard de toute la rigueur de la loi. Seulement, cette loi il ne pouvait pas la reconnaître comme légitime. Le pouvoir au nom duquel on agissait contre lui, il en contestait le principe. Aussi se refusa-t-il, on le sait, à toute concession, même à celle de se défendre.

Ses amis ne partageaient pas cette manière de voir ; républicains ou autres, ils reprouvaient un système d'abnégation, qui conduisait si directement au sacrifice de la vie ; sacrifice volontaire, si l'on veut, mais à leurs yeux sans utilité, ni pour la gloire de celui qui le faisait, ni pour l'exemple qu'il donnait aux hommes de son parti, ni pour l'humiliation de ses adversaires.

C'est pour cela que ces amis, d'origines diverses, se réunirent afin d'agir à son insçu auprès de ses juges. Un de ses compatriotes vint à Castres, s'entendre dans ce but avec un de ceux-là. A la suite de cette entrevue, nous allâmes, ce dernier et moi, solliciter de M. le marquis d'Aragon, des lettres de recommandation auprès de ses collègues de la Chambre des Pairs. Il nous en donna avec sa bienveillance ordinaire pour M. le duc Pasquier, chancelier, M. le duc Decazes, grand référendaire, M. le comte d'Argout et plusieurs autres. Il resta convenu que ces lettres seraient remises à Mme Carles, sœur de Barbés, avec faculté à cette dame de les utiliser suivant les circonstances.

Ce fut l'objet d'une rencontre à Toulouse, où elle nous attendait accompagnée par un ami de son frère. Nous remplîmes là, notre commission ; nous lui donnâmes toutes les marques du plus sincère intérêt, à l'effet de soutenir son courage, ou de lui servir de consolation... Enfin, au moment de la quitter, l'idée me vint particulièrement de lui remettre une simple lettre d'introduction auprès de Lamartine, lettre pressante, néanmoins, et dont je ne recommandais l'usage qu'à la dernière extrémité, ne croyant pas toutefois en ce moment ce dernier assez puissant pour rien changer au résultat, tel que nous le prévoyions.

On sait le reste ; Barbés comparut ; il refusa de prendre part aux débats ; seulement il ne put s'empêcher de répondre avec mépris et indignation, lorsque l'accusation, allant trop loin, lui reprocha un acte qui, s'il avait été vrai, aurait constitué non pas un fait d'émeute mais un assassinat. *Condamnez-moi, s'écria-t-il, vous le pouvez, mais ne me déshonorez pas.*

« Parmi ces actes, ajouta-t-il, je cite la mort donnée au lieutenant Drouineau avec préméditation et guet-à-pens.

« Ce n'est pas pour vous que je dis cela. Vous n'êtes pas disposés à me croire, car vous êtes mes ennemis. Je le dis pour que mon pays, pour que la France entière l'entende. C'est là un acte dont je ne suis ni coupable ni capable. Si j'avais tué ce militaire, je l'aurais fait dans un combat à armes égales, avec un partage égal de champ, de rue, de soleil. Je ne l'ai pas assassiné ; c'est une calomnie dont on veut flétrir un soldat de la cause du peuple. Voilà tout ce que j'ai à dire. Je n'ai pas tué le lieutenant Drouineau. »

La peine de mort, fut prononcée contre lui. Les lettres de recommandation auprès des pairs, avaient été inutiles. Mais il en restait d'autres, qui pouvaient avoir une portée plus efficace.

En effet, un ami de Barbés avait écrit à notre ami commun, M. le général Subervic. Ce général, député alors de l'opposition, en recevant cette lettre, de la main d'un intermédiaire, s'empressa de se transporter auprès du Roi qui avait à examiner la procédure, afin d'exercer son droit de grâce. D'un autre côté, Mme Carles agit de la même manière auprès de Lamartine. « Je ne puis rien directement, lui dit celui-ci, car je ne vois pas le Roi ; toutefois, pour vous prouver tout mon bon vouloir et mon empressement à répondre au désir de mes bons amis du midi, je vais trouver immédiatement M. de Montalivet, qui ne se refusera pas à me remplacer, dans cette grave circonstance. »

On lit, en effet, dans le *Nouvelliste* (13 juillet 1839) :

« Ce matin, Mme Carles, sœur de Barbés, en compagnie de son mari et de M. Berthomieu, son parent, s'est rendue chez M. de Lamartine pour lui demander une lettre d'introduction pour le palais de Neuilly. M. de Lamartine a répondu qu'il n'avait pas de moyen direct d'introduction, mais il a remis à Mme Carles une lettre pour M. de Montalivet.

« M. de Montalivet s'est empressé de donner à M. et Mme Carles une lettre pour Neuilly, lettre au moyen de laquelle ils ont été introduits sur-le-champ. Le Roi a accueilli les solliciteurs avec beaucoup de bienveillance et de bonté, et s'est à peu près exprimé en ces termes : je suis très-personnellement porté à l'indulgence ; mais la solution de la question ne dépend pas de moi seul. Le Conseil s'est occupé ce matin de cette affaire. Rien n'est encore décidé. Des raisons d'état doivent être prises en considération ; mais s'il ne tenait qu'à moi, dès à présent vous retourneriez à Paris avec la grâce de Barbés. Espérez, prenez courage.

« Il y a eu ce matin conseil des ministres pour délibérer sur l'exécution de l'arrêt de la Cour de Paris en ce qui concerne Barbés. On assure que quatre ministres se sont prononcés pour une commutation de peine.

« Barbés a vu aujourd'hui son frère et ses défenseurs. Aucune prière n'a pu l'engager à former un recours en grâce, Il a répété plusieurs fois ces mots : *Je suis heureux de mourir seul.*

Journal des Débats, 15 juillet 1839. — « Le conseil des ministres s'est réuni deux fois hier et une fois ce matin à Neuilly pour délibérer sur l'exécution de l'arrêt de la Cour des pairs, qui condamne Armand Barbés à la peine capitale.

« Déterminé par la gravité du double crime dont Barbés a été reconnu coupable, le conseil a proposé au Roi de laisser à la justice son libre cours.

« Mais le Roi a persisté dans l'opinion contraire et usant de son droit constitutionnel, il a commué la peine de Barbés, en celle des travaux forcés à perpétuité, écrivant au bas du rapport du garde des sceaux : J'use de mon droit constitutionnel, etc. — Puis il a dit au Conseil assemblé : *Messieurs, vous me couvrez de votre responsabilité ; mais en cette circonstance, souffrez que je vous couvre de celle que j'assume sur moi.* Et comme les ministres insistaient encore pour le faire changer de résolution, il leur a répondu : *Comment voulez-vous, messieurs, que la main que la sœur de Barbés a mouillée de larmes hier, signe aujourd'hui l'arrêt de la mort de son frère ?... Vous êtes libres de refuser votre contre-seing à une commutation de peine ; mais je ne donnerai pas ma signature à cette condamnation.* »

Ainsi il fut fait, et ces recommandations, jointes à la bienveillance naturelle de Louis-Philippe et à son suprême bon sens, le déterminèrent à signer en faveur de Barbés une commutation de peine. Ce jour là, le général Subervic dînait aux Tuileries ; quelques instants avant de se mettre à table, le Roi sortant de son cabinet de travail, alla à lui et lu tendant la main : Vous apprendrez avec plaisir, lui dit-il, que je viens d'accorder la grâce de Barbés. — J'en remercie particulièrement votre majesté, répondit le général, seulement je lui demande la faculté d'annoncer immédiatement cette bonne nouvelle à quelqu'un qui l'attend avec impatience. — Passez à mon bureau, répartit le Roi, vous trouverez là tout ce qu'il faut pour écrire.

<h2 style="text-align:center">X</h2>

Le fait accompli, je m'empressai d'envoyer mes remerciements à Lamartine ; il me répondit :

« Monsieur, j'ai été bien heureux que ma démarche pour Barbés ait eu le double effet de sauver une vie et de correspondre aux sentiments d'un ami comme vous. Vous me donnez là une bonne nouvelle. Je ne jouis pas moins de votre approbation à mes faibles efforts pour inaugurer laborieusement une politique humaine, religieuse et sociale. Je regrette que vos documents sur les *Enfants trouvés* m'arrivent un peu tard. J'en ferai usage l'année prochaine. La Chambre est inique, mais le public pense à nous. Espérons, car l'opinion n'entre jamais dans une Chambre que par les fenêtres. Agréez, en courant, monsieur et ami, l'assurance de mon affection cordiale. — Lamartine. — 3 août 1839. »

Sous cette impulsion, je m'attachai à poser, si ce n'est à résoudre, une infinité de questions d'intérêt local, mais se rapportant toutes à un programme d'améliorations populaires, qui devaient se traîner encore longtemps dans le champ aride de la politique des partis, avant d'arriver à la solution que leur a données le second Empire. Ainsi, ont été successivement mes travaux sur l'enseignement primaire, mes lettres imprimées sur les écoles d'un degré supérieur, mes publications bisannuelles sur les intérêts agricoles, et mes deux *histoires*, l'une de *Jean-Sébastien de Barral, évêque de Castres*, l'autre de l'*Ecole de Sorèze*. Lamartine me vint en aide dans toutes ces directions diverses de sujet, quoique toutes tendant au même but. Ainsi, le 20 février 1840, il m'écrivait : « Je viens, monsieur, de déposer sur le bureau de la Chambre, la pétition relative à la création d'une école primaire supérieure à Castres (M. Villemain, ministre de l'instruction publique, prescrivit cette création en 1842, et M. Duruy l'accomplit plus tard, sous le nom d'*Ecole Professionnelle*) que vous voulez bien me confier. Je pense que cette année elle pourra être rapportée, et il ne dépendra pas de moi qu'elle ne soit favorablement accueillie..... »

Ainsi, le 29 juillet de la même année, il s'excusait sur le mauvais état de sa santé, de ne pouvoir venir m'encourager de sa présence et de ses conseils, obligé qu'il était, pour cette raison, de quitter les bains de Bagnères, pour s'en retourner à St-Point. Ainsi, quatre mois plus tard, près de se rendre à Paris, il me donnait l'espérance que les questions sur l'enseignement populaire, seraient traitées dans la session qui allait s'ouvrir. Ainsi, le 20 décembre 1841, il voulait bien me dire : « Je suis heureux de cette occasion qui me rapporte un mot de vous ; cette voix si intelligente et si haute n'est jamais importune. Elle est toujours ou consolante ou prophétique. *On a besoin d'en entendre de pareilles dans le néant ou dans le cahos où nous nous assourdissons tour à tour. — Oui, il faut contre tout espoir espérer que la génération que vous précédez, viendra faire une œuvre meilleure à son tour. Je n'aurai été que son sapeur et l'instrument se sera souvent brisé entre mes mains. Mais quand Dieu attend, l'homme peut attendre.* Je n'irai plus aux Pyrénées ; j'ai été et je suis encore trop souffrant ; je n'ai que la force de vivre en paix, isolé au milieu des champs paternels et content de son soleil de 1841. — Si jamais vous y passez, arrêtez-vous à l'ombre amie de nos arbres rares. — Mille compliments affectueux. — Lamartine. »

XI

J'arrête ici mes citations. Je laisse les autres lettres sous le sentiment de *cette ombre amie* à laquelle me conviait Lamartine, et j'arrive à la dernière, où se trouve, en quatre mots, tout son programme politique. Voici d'abord la circonstance qui le fit écrire :

Depuis quelque temps, sans changer la pensée sérieuse, trop sérieuse peut-être, de mes travaux de propagande ou de publicité, j'avais donné à quelques-uns une nouvelle forme. Je les mettais en chansons. Au fur et à mesure que je me trouvais plus particulièrement frappé par les circonstances, j'exprimais mes impressions à l'aide de quelques couplets, amenant avec eûx un refrain très-facile à retenir, et par là même, se prêtant mieux à fixer l'idée principale. Ces chansons réunies en un seul manuscrit, ne sont peut-être pas destinées à voir le jour. C'est le conseil de M. Hippolyte Fortoul, qui voulut bien en présenter quelques-unes en mon nom à Béranger ; ce qui me valut un charmant autographe du maître en pareille matière, je le conserve avec vénération.

En 1846, Lamartine venait d'être réélu dans plusieurs collèges. Je m'en réjouis et je lui adressai, à cette occasion, la pièce suivante. Elle figure dans mon recueil à la page 190 :

DIOGÈNE

Air : *Muse des bois et des accords champêtres.*

J'ai beau braquer ma lampe sur la foule,
De mon regard les interrogeant tous ;
J'ai beau chercher dans le flot qui s'écoule,
En haut, en bas, par dessus, par dessous ;
Pour raviver la morale flétrie,
Sauver l'honneur qui s'enfuit à grands pas,
Rendre, en un mot, le calme à la patrie,
Je cherche un homme et ne le trouve pas.

Déjà la mer, sous un ciel sombre et terne,
Bat le tonneau qui me sert de maison ;
Aux pâles feux de ma pâle lanterne
Se mêle au loin l'éclair de l'horizon.
Pour conjurer un imminent orage,
Nous soutenir dans de prochains combats,
Pour préserver Athènes du naufrage,
Je cherche un homme et ne le trouve pas.

Je cherche au temple ; et là, je vois des prêtres
Qui, résignés, disent : les dieux s'en vont !
Je cherche ailleurs au peuple ses vrais maîtres,
Tous devant lui se découvrent le front.
Il faut pourtant qu'un peuple prie et croie,
Que les meilleurs le guident ici bas ;
Prêtres, meilleurs, montrez-vous ? qu'on vous voie ?
Je cherche un homme et ne le trouve pas.

Je suis la foule obstruant un passage,
On me répond : c'est là qu'on fait les lois,
J'entre, et j'entends... du bruit, du bavardage,
De raison, point, à travers tant de voix.
Dans ce fracas, dont l'écho m'importune,
Je cherche un peu de dévouement ; hélas !
Franc, dévoué, puissant, à la tribune,
Je cherche un homme et ne le trouve pas.

Envoi

a M. A. de Lamartine, Député

A l'occasion de sa réélection en 1846.

Je cherche un homme... Eh bien ! cet homme existe ;
Hier, il disait : Paix, Peuple, Liberté !
Seul, entre tous, son cœur d'évangéliste
Bat, pense et sent avec gloire et fierté ;
Seul il connaît le souverain remède,
Remède sûr, immanquable, éprouvé !
Saluons-le du vieux mot d'Archimède :
Je l'ai trouvé, l'homme, *je l'ai trouvé.*

Réponse

« Monsieur, — Vous avez trouvé l'homme de bonne intention comme vous-même, mais l'homme que vous cherchez n'existe pas. Cet homme, c'est un peuple. C'est celui-là qu'il faut enfanter et c'est celui-là qu'il faut chanter. J'ai été bien heureux seulement de vous en avoir offert l'image et je vous remercie de l'avoir peint en si beaux et én si bons vers. La chanson est l'ode populaire, vous avez pris la forme de votre sujet. — Croyez à mon constant souvenir et à une reconnaissance bien vive et bien affectueuse. — 21 août 1846. — Lamartine. »

Cet *homme peuple, ce peuple humanité,* Lamartine ne dut-il pas croire l'avoir *enfanté* de son verbe, au lendemain du 24 février 1848 ? Une pareille illusion ne dut-elle pas se continuer pendant ces trois admirables premiers mois, qui inaugurèrent la République sous le prestige de ses sentiments généreux, de sa parole éloquente, de son courage héroïque? J'assistai de loin à ce spectacle ; je pus juger de sa grandeur ; mais dans une sphère circonscrite, sphère que je ne voulais pas abandonner, en me ralliant toutefois franchement aux trois principes de la *liberté*, de la *fraternité* et de l'*égalité*, je leur supposais celui de l'*unité*, qui me semblait un peu trop oublié dans le premier moment. Voilà ce que j'écrivis à Lamartine ; il ne me répondit pas. Le pouvait-il ? évidemment non, absorbé qu'il était par de plus pressantes nécessités. Toutefois peu de jours après, je reçus par la poste, avec une adresse tracée par une main inconnue, un magnifique portrait de lui, portant en tête le millésime 1848, et au bas ces deux lignes : *L'heure serait venue d'allumer le phare de la raison et de la morale sur nos tempêtes politiques, et de formuler le nouveau symbole social que le monde commence à pressentir et à comprendre, le symbole d'amour et de charité entre les hommes.*

XII

Les années s'écoulèrent ; Lamartine poursuivit son œuvre ; je continuai la mienne ; et, le 10 décembre, j'unis un vote portant son nom à celui d'une faible minorité numérique ; là s'était réfugié le sentiment de la justice nationale.

Trois ans plus tard, je me trouvais à Paris. J'allais voir Lamartine. Voici, à ce sujet, ce que je consignais sur mon agenda, et sur un petit journal où j'écrivais jour par jour mes *impressions de voyage :*

« 18 décembre 1853. — Visite à M. de Lamartine ; charmante réception ; offres aimables de sa part pour un voyage en Bourgogne au mois de mai.

« Dimanche 18 déc. — On a dit de M. le comte Molé, c'est une nature qui n'est pas supérieure, mais qui est distinguée ; M. de Lamartine est à la fois un homme supérieur et un homme distingué. Tout, autour de lui, annonce ce double caractère qui se confond dans une conversation pleine, large, abondante, très judicieusement précise. En pénétrant dans le logement qu'il occupe ajourd'hui, rue Ville-l'Evêque 31, on trouve d'abord au fond d'une cour d'entrée un rez-de-chaussée avec un péristyle garni de plantes ; puis, vient un salon d'attente, avec parquet couvert de tapis, enfin un autre salon, peu spacieux, se continuant d'un côté par une manche qui donne sur un petit jardin. Là, M. de Lamartine reçoit des visites après midi ; ce salon a pour ornement quatre beaux tableaux représentant l'un la Vierge et l'Enfant Jésus, l'autre un pâtre italien, le troisième deux enfants effrayés par l'orage, le dernier un jeune grec fumant. Les murs ont encore pour décoration un beau portrait de M. de Lamartine à quarante-cinq ans, deux de ses bustes et plusieurs médaillons en profil. Sur un double dressoir se voient des fleurs, des oiseaux exotiques ; et plus loin, près de la fenêtre, perche un perroquet très criard, pendant que des levrettes de couleur café clair, dorment, en allongeant leur museau, sur le tapis. Dans la manche du cabinet, se trouvent suspendus deux portraits d'enfant en bas âge, peut-être ceux que M. de Lamartine a perdus. Au foyer des deux cheminées, brille un feu de houille d'un calorique mat et pénétrant ; sur la tablette on distingue une pendule en marbre blanc, soutenue par deux petits anges et qui marque l'heure au moyen d'aiguilles en forme de serpents.

« Là, j'ai vu cet homme que je ne connaissais pas personnellement, et en la présence duquel je tenais tant à me trouver. Pour moi il a été ce qu'il s'était montré pendant quatorze ans de correspondance, affable, poli et toujours supérieur. Il m'a reçu par mon nom, que je venais de lui envoyer sur une carte. Il m'a dit s'honorer comme moi du titre de *Paysan*, en faisant allusion au livre récemment publié, par mon frère et par moi. Il m'a fait promettre d'aller parcourir avec lui ses campagnes de la Bourgogne, afin d'étudier sous ses yeux les mœurs rurales d'une population encore dévouée et soumise. J'ai pris cet engagement ; si Dieu le veut, je le tiendrai au mois de mai prochain, à l'occasion du conseil général de l'agriculture, dont je suis membre, et qui se réunira, dit-on, à cette époque. »

Quelque temps après, à l'occasion de l'exposition universelle, nouveau voyage, nouvelle visite, ainsi notée sur l'agenda :

« 3 mai 1855. — Visite à M. de Lamartine, toujours grand, toujours bon, toujours honnête, mais
bien vieilli depuis dix-huit mois ; conversation sur
l'agriculture de la Bourgogne, suivant un système de
métayage à base de culture exclusive de vignes et de
cheptel de vaches, race charolaise, bonne de travail,
mais peu laitière ; terre de 114 hectares, par division
de 6 affermés à une famille, auxquelles on donne
une maison, un petit jardin, une paire de vaches, et
avec laquelle on partage le produit net en nature ;
produit de 30,000 francs en totalité pour le pro-
priétaire. M. de Lamartine s'est informé avec le plus
grand intérêt de mes travaux, de ma manière de
vivre, de mes rapports de famille ; il a désiré me présenter à Mme de Lamartine, femme d'un extérieur distingué, à la parole très affectueuse et qui a bien voulu
me renouveler l'invitation d'une visite à St-Point. J'y
compte a repris Lamartine, en me tendant la main ;
j'ai tant de choses à vous dire, quand nous serons
ensemble sous mes vieux châtaigniers !

Voilà cette double entrevue, dont les circonstances
sont venues frapper à mon souvenir, quand j'ai ap-
pris la mort de cet homme de bien, de cet homme
de génie, de cet homme qui me sera toujours cher,
et à la mémoire duquel j'ai consacré déjà ce premier hommage de dévouement, d'admiration et de
reconnaissance :

Sonnet

Deux fois il m'a tendu cette main glorieuse,
Qui prêtait au discours un geste si puissant ;
Deux fois j'ai contemplé sa face radieuse
Où l'esprit et le cœur parlaient en s'unissant ;

Et depuis j'ai compris l'âme religieuse
Qui restaurait la mienne en la rajeunissant,
A la source du vrai ; source mystérieuse
Par où l'amour de Dieu se révèle et se sent.

Il me parlait des champs ; du sort que leur destine
Un avenir certain quand, en ses rangs épais,
La France, à leur exemple, aura semé la paix.

Et la main dans sa main, je quittai LAMARTINE,
En m'éloignant de lui, moi, pauvre travailleur,
Plus grand, je ne dis pas, mais, à coup sûr, meilleur.

FIN

Castres — Imprimerie de Vᵉ Grillou. A. Terrisse et I. Fabre.